freedom
letters

№ 86

Татьяна Вольтская

Ты доживёшь

Freedom Letters
Тбилиси
2024

freedom letters

Сайт издательства freedomletters.org
Телеграм freedomltrs
Инстаграм freedomletterspublishing

Издатель Георгий Урушадзе
Технический директор Владимир Харитонов
Художник Денис Батуев
Корректор Юлия Гомулина
Фотограф Людмила Волкова

Татьяна Вольтская. Ты доживёшь. Тбилиси : Freedom Letters, 2024.
ISBN 978-1-998265-87-9

Новая книга известного русского поэта Татьяны Вольтской ставит читателя лицом к лицу с максимальной степенью боли, сострадания, неубывающей тоски изгнанника по стране, неправедной войной, вынудившей его поникнуть всё, что было дорого и любимо.
Это стихи с открытым забралом, что делает их беззащитными, но одновременно и облегчает доступ к сердцам тех, кто способен к любви и сопереживанию. Таких читателей у Татьяны всё больше, и это даёт надежду (Ирина Евса).

СОДЕРЖАНИЕ

***

Ни балет с лебедями и феями,
Ни стихи, ни сухое вино,
Ни немецкие фильмы трофейные,
Те, что мама смотрела в кино,

Ни улитка на солнечной отмели,
Ни тома самиздата в столе,
Ни *Deep Purple*, ни лекция Лотмана,
Ни картошка в горячей золе,

Ни промышленный город, живой ещё,
Ни с господской усадьбой село,
Ни загулы, ни умные сборища —
Ничего, ничего не спасло.

3.05.2023

***

Господи, Боже мой,
Господи, Боже мой,
Господи, Боже мой,

Взвей меня над чумой,
Кровью, сумой, тюрьмой,
Гарью — домой, домой.

Таял бы за спиной
Край с мушмулой, хурмой,
Ласковый, но не мой.

Вместо разбитых стен,
Вместо кровавых тел —
Осени канитель.

И никакой войны,
И никакой страны,
Объевшейся белены.

Вместо позорных рож —
Речка, просёлок, рожь,
Ёлка, опёнок, ёж.

Цел Мариуполь, бой —
Только в кино, и зной
Спал, и мой сын со мной.

И ни Бучи, ни зги,
Ни этого, без ноги —
Господи, помоги!

8.09.2023

***

На диване потёртые джинсы,
Календарь и часы на стене.
Эта рифма — отчизны и жизни,
Что казалась железа прочней,

Как же быстро она разорвалась,
Раздробилась, рассыпалась вдруг
На слезу и бессильную ярость,
Рыбкой выскользнула из рук,

Красной струйкой, тоненькой юшкой.
И порхает, как бабочка, снег,
И лежит
          вниз лицом на опушке
Одноразовый человек.

22.03.2023

***

Годовщина горя и позора,
Экстренной отправки в лепрозорий
Вместо приглашения на пир,
Годовщина бегства и разлуки
С близкими — похоже, только внуки
Склеят мир, который ты разбил —

Выпустил из рук. Уже не важно.
Год больших смертей, беды протяжной.
Свет из окон вытек, будто мёд.
Год сожжённых городов. Густая
Сажа полетает-полетает —
И на наши головы падёт.

23.02.2023

***

Лене Берсон

Да, мы подонки, насильники, дети убийц
В пятом уже поколении — ладно, в четвёртом.
Жги, раскалённая память, чернее клубись,
Вейтесь глумливее, череп и кости над фортом.

Как же по-русски теперь — когда каждый снаряд
С воем на Киев летит, как преступная буква,
То динамит или весь алфавит виноват?
Страшно по-русски? А что ж не издали ни звука,

Глядя, как к грузовику волокут по двору
С маленькой внучкой татарскую эту старуху,
Эту чеченку в ауле, как ели кору
Переселенцы, в мороз забиваясь в нору —
Лисью, кротовью, мышиную? Как же не рухнул

С треском букварь, рассыпаясь на архипелаг
Серых ушанок, овчарок, ощеренных вышек,
Трупов с дырою в затылке, чахоток, пеллагр,
Паек, доносов, армейских дедов и салаг —
Как же никто меж зубов этих звуков не выжег,

Как же не выблевал — через победный прищур,
Глядя в Восточную Пруссию, кровью и спермой
Густо залитую — муттер потом, перекур,
Дочку сперва — покрывало, подсвечник, амур,
Пряжка, звезда, нараспашку ширинка — я первый!

Что́бы тогда не заткнуться, не сжёвывать в кровь
Губы, покуда играет парад физкультурный,
Что́бы слова языка не посбрасывать в ров
Вместе с убитыми, что́бы бревенчатых строф
Не запалить напоследок — пылают недурно.

Что же так поздно схватились, съезжая на дно,
Разве не видели раньше, какое теченье
Нас понесло в преисподние области, но
Родина больше, чем гнойное это пятно —
И никогда не скажу ей слова отреченья.

Нам за кровавую баню платить головой —
Грязные варвары с лирою сладкоголосой,
Сгинем, и косточки наши затянет травой.
Тихо над нею закружится солнечный рой —
То ли сестра моя жизнь, то ли узкие осы.

Родина что? Глянешь в зеркало — мутная стынь,
Тонкий ледок над болотом — предаст и не охнет.
Я никогда не скажу ей — проклятая, сгинь!
Злая, больная, под байковым небом немым —
Или язык мой блудливый сейчас же отсохнет.

27.02.2023

***

Это ж надо придумать, это надо суметь —
Человек человека посылает на смерть,
Чтобы тело такое же распласталось в грязи.
Он глядит через хлипкие рёбрышки жалюзи,
Не худой и не тонкий, без особых примет —
На прохожих зачёркнутых и зачёркнутый свет,
И на город разрушенный, на убитых детей,
И на ветер, несущийся в пустоте, в пустоте,
И на снег налипающий, заметающий путь —
Он хотел бы, наверное, целый мир зачеркнуть.
Кто сгорит, всё равно ему, кто вернётся назад.
Ад на землю послал его — и возьмёт его ад.

10.02.2023

***

Снег лежит на грузинских горах,
На взъерошенных перьях, на сердце.
Здесь — ходить, перебарывать страх,
На чужих веселиться пирах,
Обживаться на новом насесте.

И подумать мы разве могли,
Что мы всё потеряем, скажи-ка?
Серый пёс копошится в пыли,
На виске у далёкой земли
Вьётся нежная невская жилка.

Доползти, дотянуться бы к ней
И прижаться губами — да где там!
Неужели навеки в огне
Содрогается мир, и в окне
Бродит ветер по кронам раздетым?

Ну скажи мне, что это игра —
На дорожку присесть не забыли?
Полетели?
          Чернеет Кура,
И нахохлившаяся гора
Дремлет, плотно сложившая крылья.

11.02.2023

***

Широкополый ветер бежит с горы,
Путаясь в простынях, свитерах, халатах,
В высохших, но не опавших ветвях патлатых
Спящих платанов — плавающих галактик
С птицами, заблудившимися внутри.
Ветер тбилисский —
                          кто скажет ему: замри,
Не говори — как Павлу в толпе галатов,
В стае летучих лестниц, дворов крылатых —
Кто остановит крутящиеся миры?

Где я — не знаю: плывёт надо мной балкон,
Ветер бежит, меня подхватив под локоть,
Шумно дыша мне в ухо — не надо плакать, —
В облачный хаос, в уличный хрупкий логос.
Где я, не спрашивай — вот, крутани-ка глобус —
Под бормотанье Бермуд, Филиппин, Балкан
Дом мой уже не слышен, и дверь закрыта.
Здесь, в вертограде грузинского алфавита,
Мир понимаю заново по слогам.

5.02.2023

***

Идёшь себе, шуршат сухие листья,
А всё в глазах качается и длится
Сюжет обыкновенный новостной:
Старуха на развалинах Бахмута —
Как уезжать не хочется — кому-то
Всё говорит и плачет, Боже мой.

В платке цветастом и пальто потёртом
Уходит обречённо с волонтёром,
Воронки осыпаются края,
Сейчас он отведёт её в машину,
А я смотрю на сгорбленную спину
И думаю — как бабушка моя.

И представляю, как её из дома
Везут куда-то в город незнакомый,
Вот рынок полыхнул на берегу,
И сзади что-то кашляет и воет.
Трясутся руки — вижу, каково ей,
И ничего поделать не могу.

19. 02. 2023

***

Рискни головою — была не была,
Убей украинца — получишь бабла,
Вот жизнь покатилась копейкой
По мёрзлым окопам, по стылым полям —
Что даром досталось, то даром отдам,
Недолго поплачет семейка.

Она и не плачет. Сидит тишина
На кухне и с чашкой, напротив — жена,
А в щели оконные дует.
Как будто бы кто под ребро её толк:
Нажрётся и дрыхнет, какой с него толк,
Ушёл — и пускай повоюет.

А если он завтра вернётся в гробу?
А нищие дни волочить на горбу?
А руки отдёрнуть — не глупо
От денег, когда они сами плывут?
Хоть будет у нас в кои веки уют,
Хоть выберемся из халупы.

На кухне сидят тишина и жена.
Подружки пришли и налили вина —
Да ну его, недорогого,
Да выйдешь ещё за другого,
С таким-то приданым, как новенький дом.
А в зябком окопе, в дыму голубом
Снежинок смешливая стая
Присядет на лоб — и не тает.

6.03.2023

***

Прага, Ереван, Берлин, куда б ещё —
Жаль бежавших, да убитых жальче.
Из страны моей, как будто с кладбища
Шелест — уезжайте, уезжайте!

Да детей скорее увозите же —
Из окна в окно порхает шёпот —
Или захлебнутся в этом Китеже,
Видно, ничему не учит опыт.

Мама, мама, ты зачем убийцею
Сделалась, разбойницею лютою,
Машешь топором, вязальной спицею,
Кровь рекой — а всё равно люблю тебя.

Плач стоит в Путивле, стены в пламени
И по всей округе крик и стоны,
Ты зачем же, мама, предала меня,
На ночь глядя выперла из дома?

Ты скажи мне, мама, как мне быть теперь,
Как не выть над головой солдатской,
Как же твой позор, скажи мне, вытерпеть,
Как мне перед миром оправдаться?

Вот твоя избушка к лесу передом
Строевым идёт куриным шагом,
Складывает ловко череп к черепу
В новенькую кучу Верещагин.

Неужели зря снега крахмальные
Расстилались, сыпались на шапки,
Неужели зря швырял Рахманинов
С клавишей — черёмухи охапки?

Что, скажи, осталось мне, за вычетом
Боли? Где тропа, где ель у станции?
Вскроешь вены — родина и вытечет,
Только в сердце капелька останется.

9.03.2023

***

Всё это лепится здесь, на горе,
Сладкою ласточкиною слюною
К серому камню, к древесной коре,
Влезешь, схоронишься в щёлке, в норе —
Может, беда и пройдёт стороною.

Видишь, в садах зацветает миндаль —
Значит, зима отползла, отступила,
Ветер её до костей обглодал,
И над горами прозрачная даль
Вдруг возвела голубые стропила.

Едешь на облаке сквозь пустоту
Календаря — на минуточку спешься —
Видишь, в Юсуповском нашем саду
Снежно, и по ледяному пруду
Плавно по кругу бегут конькобежцы.

Завтра упало, разбилось вчера —
Видишь, на белом скользят гимназисты,
И гимназистки, и юнкера,
К смерти своей по сугробам с утра
Едет поручик в возке неказистом,
Будто бы нет ни вины, ни суда —
Чай на столе и ковёр над кроватью,
Будто бы кровь не течёт, как вода
Через плотину, залив навсегда
Медленный снег и миндаль розоватый.

12.03.2023

***

Тёплой, вязаной, маленькой —
Вязы, низкие крыши,
Я не видела Марьинки
И уже не увижу.

Ни цветка, ни комарика,
Ни прогалины талой —
Будто варежку, Марьинку
Сапогом растоптали.

Вместо города — серая
Обгорелая каша.
Наши мальчики сделали.
Наши мальчики. Наши.

17.03.2023

***

Главное теперь — не быть русским с паспортом цвета мяса,
Главное теперь — не помнить, а иначе долго ли до беды —
Где ты гонял на велике, впервые напился и долго мялся,
Прежде чем ей признаться... Ничего не было — и лады.

Главное теперь — спать и не видеть заросшей речки,
Узкой тропинки, сбегающей пояском по бедру,
Рассохшегося крыльца, главное теперь — отречься
Вовремя, не бубнить: если не увижу, умру —

Ёлок, шушукающихся у станции, насмешливого проспекта
В белых перчатках, квадриги, с перепугу взлетевшей
                                                на Главный штаб,
Главное теперь — понять, что ты — больше не ты, а некто,
За спиной у тебя не пропасть и глаза не от слёз блестят.

И когда тебя спросят: ты ещё называешь родиной
Это чудище, пожирающее тела, хлюпающее в крови,
Главное, крикнув — Нет! — не услышать стук молоточка:
                                                продано! —
Убедиться — это просто кузнечик, стрекочущий из травы.

25.03.2023

БАЛЛАДА О ВЕНСКОМ СТУЛЕ

Симе

Вряд ли я доживу до прекрасной поры,
Когда военная вошь
Лопнет, останется вне игры,
Но спорим — ты доживёшь.

И будет считаться не тот герой
С глазницей своей пустой,
Кто трупы врагов навалил горой
Под взятою высотой,

Не тот, что украл, не тот, что убил,
Сорвав автомат с гвоздя,
Не тот, что соседа стирает в пыль,
За ленточку перейдя.

И не того, кто весь мир надул,
Прославят, рукоплеща, —
А того, кто выдумал венский стул
И вешалку для плаща,

Кто выдумал для жены своей
Газовую плиту —
Чтоб взять кастрюлю горячих щей,
А не грёбаную высоту.

И в мире, склеенном из кусков,
Ты сядешь на венский стул,
Глядя, как призраки дураков
Плывут из июня в июль,

Похожи на тополиный пух,
По тихой широкой реке,

Под лёгкими облаками мух,
Зажав автомат в руке.

Ты скажешь — и это плывут враги?
Могли поливать цветы,
А не падать — разве не дураки? —
У чьей-то чужой высоты,

И раз уж ни чести, ни славы нет
И выгоду ветер сдул —
Да здравствует великий Тонет,
Придумавший венский стул —

Не дрон, не ракету, не танк, не яд,
Не ружьё — ходить в караул,
А просто стул, на котором сидят,
С гнутой спинкою венский стул.

29.03.2023

***

Где ты ходишь в городе без меня
По снулым улицам, обвисающим брюками без ремня
На краю проснувшегося болота?
Вот желтеет собор, сереет Большой проспект,
Петлями, зигзагами пролетает снег,
Фортелями обкуренного пилота.

Здесь ты шёл ко мне, под окном раздавался свист
Соловья-разбойника, я бежала к зеркалу, а теперь — дивись
На уткнувших носы в светящиеся дезайсы,
Наливающих воду в старое решето,
Готовых идти на смерть неизвестно за что,
Убивать неизвестно кого, втянутых пустотой
Лязгающего окрика — к выходу, одевайся!

Походи за меня по городу, одетому в маскхалат,
Выпей лишнюю рюмку, нарежь вместо меня салат,
Косясь на шагающих строем, обритых под ноль салаг,
На бесшабашный дым, рвущийся из котельной,
Прошепчи моими губами — буду жрать баланду и жмых —
Только спаси нас, Верховный, от нас самих,
От свисающей с неба петли смертельной.

31.03.2023

***

Мокрая, парная Лиговка.
Церкви уцелевшей маковка.
Помнишь ли, откуда лихо-то?
Знаешь ли, доколе мука-то?

Двор-колодец — там не планеры —
Сека, да очко, да ножички,
Вору весело — не фраеру,
Ну а что вы сделать можете?

Грузовик проехал — грохоту!
Налетай живее — разве не
Любо грабить — нету Бога-то! —
Питерские дети Разина.

Красною под носом юшкою
Ниточка бежит отсюдова,
Катится хрустящей сушкою
К нам — и далее, до Судного.

Ниточка бежит и множится
С Лиговского да с Обводного,
Где бы взять такие ножницы,
Чтобы чик — и мы свободные?

Чик — и встал на ножки резвые,
Будто в сердце искру высекло,
Да оттуда, где разрезано,
Лишь бы родина не вытекла.

2.04.2023

***

Вернутся — и всё починят и залатают,
И хату, и элеватор, и горбольницу.
Пшеница у них поднимется золотая,
И будет борщ, подсолнух и паляниця.

И восстановят даже многоэтажку,
Не надо будет скидываться на броник.
Вот крест около песочницы — это тяжко,
Но стиснут зубы — и перезахоронят.

Остатки танка нашего у сарая
Свезут на свалку, весело крякнув — дуже
Светло и гарно. Стены и пол отдраят —
Навек оставив чёрными наши души.

3.04.2023

***

Подполковник, угробивший танковый корпус,
Получает за это орден.
Он повышен в звании, он говорит — Не горбись —
Новобранцу — и завяжи шнурки.
Какая еще медкомиссия — к смерти годен,
Пусть она сама посчитает твои позвонки,
Печень, лёгкие, почки — весь суповой набор
В целой пока упаковке — но это вопрос дней.
Подполковник — полковник с недавних пор —
Покупает оптом, ему видней.

Вот они в автобусе — шапка на пятерых,
Ремень на троих — очкарик, ботаник, хроник.
Офицерик-курсантик из груди извлекает рык
Волчары, сбиваясь на петушиный крик:
Броник? Зачем вам броник?!

Для начала полк обстреляет трассу,
Где гуськом в район пробираются «жигули»:
По команде «Пли!»
Гаснут миры Богдана, Гали, Тараса,
Замирают тела их, скомканные в пыли.
А потом и танковый полк,
Погибая, как за флажками волк,
Харкнет в полковника огненный свой плевок,
Но — напрасно.
Потому что бессмертный божок войны
Уже далеко, и пухленькие ладони
Сперва подружки, потом жены
Легли на погоны — в облаке тишины
И оглушительной трупной вони.

28.09–03.10.2022

***

А если я умру на чужбине,
Не говорите моей рябине,
Не говорите лесу вы,
Что ходила по лезвию.

А если я умру под чужим забором,
Не причитайте хором,
Не говорите лугу,
Не говорите другу.

А если я умру не дома,
Не говорите липе знакомой,
Не говорите колодцу —
Пусть думает, что дождётся.

12.04.2023

***

Сколько их, гонимых, нищих, спившихся,
Не услышавших: «Прощай, сынок!» —
Тупо отменённых, будто ижица,
С выбитой Россией из-под ног,

Где они — поплакали да померли:
Ладанки, да крестики, да хлам.
Неужели, побираясь, по миру
Нескончаемо брести и нам?

Во поле берёзонька — потопали,
Помахав руками из толпы —
От Шанхая до Константинополя
И за Геркулесовы столбы.

Неужели не вернёмся? — Вот они,
Духи гнева гонят нас с утра,
Как кишки,
          выматывая родину —
На кулак железный —
              из нутра.

13.04.2023

***

Господи, пока Ты не воскрес,
Выведи нас из ада.
Вон у Тебя сколько небес,
А нам много не надо.

Сколько их, ступенек вниз —
Ржавой, крутою
Лестницей — к нам спустись,
Что Тебе стоит.

Здесь у нас ни букв, ни травы
Одни только танки.
Знаешь, мы, наверное, мертвы.
Ангелов стайки

Пролетают, будто стрижи, —
Где-то гнёзда свили.
Господи, Ты им скажи —
Мы тоже были.

Вот же ёлка, вот магазин,
Тут избушки стояли,
Вон футболка — полосатая синь,
Висит — не моя ли?

Солнце светит даже в аду.
Дождь колотит в ведро пустое.
Господи, скажи нам — «Приду»,
Что Тебе стоит.

14.04.2023

***

А что там у нас в груди,
Зачем этот липкий ком?
А что у нас впереди,
Подёрнутое дымком?

А что у нас под ногой?
Ни камешка, ни земли.
И что там за шум такой?
И кто там лежит в пыли?

И чей это детский плач?
И кто там поднялся в семь?
По ком зазвонил стукач
В свой колокол? Да по всем.

И сто окаянных лет,
И сто окаянных зим.
Как клёна пустой скелет,
Стоим — небесам грозим.

Увидеть в окне Москву,
Пустырь, Бологое, дом —
И выключить свет в мозгу,
Как лампочку перед сном.

20.04.2023

***

Жила-была страна.
Она была больна.
Но не было лекарства,
И развалилось царство
И стало царством тьмы,
А вместе с царством — мы.
Наш паровоз летит,
А дом уже горит.
Повсюду клубы пыли.
Простите нас — мы были,
Но кончились теперь.
Скорей закройте дверь
Во все свои дома,
Поскольку в нас — чума.
Гоните нас, гоните
В Париже и в Мадриде,
В Варшаве, в Гарден-Сити,
И в Ахене, и в Брно.
Смотрите же, смотрите
Как мы идем на дно —
Не правда ли, смешно?

21.04.2023

***

Думали, обойдётся — хоть век был скуп
На обещанья,
Слизывали слова друг у друга с губ —
Кроме слов прощанья.

Были у нас бессонницы и пиры,
Звёзды бывали рады нам.
Сладким телесным мёдом из-под полы
Пробавлялись — краденым.

Ёжик фырчал, выходил на дорогу лось,
Холодало малость.
Думали, обойдётся — не обошлось,
Треснуло, сломалось,

Вспыхнуло, завертелось в огне, в крови,
В водах грязных, талых.
Крошками налипшие слова твои
На губах остались.

9.05.2023

***

Еду по миру, еду-еду,
В поле ветер, на сердце лёд.
Дай нам, Господи, непобеду —
Пусть хоть раз нам не повезёт.

Ни кола, ни двора, ни света,
Ни окошка в листве резной,
В бездорожье — одна Победа,
Завоёванная не мной,

Раскатившаяся по венам, —
Видишь, побагровев лицом,
Буйно пляшут перед военным —
Во хмелю — золотым тельцом.

От убитых прощенья нету,
От загубленных — но сейчас
Дай нам, Господи, непобеду,
Подари нам последний шанс.

И когда облака рассеются,
Водрузи Свой прозрачный флаг
На дымящийся купол сердца,
В чёрной копоти, как Рейхстаг.

13–15.05.2023

***

Сбивчивых улиц развинченный шаг,
Розы, балконное кружево.
Крылья раскрыла, неслышно дыша,
Пёстрая бабочка Грузии.

Дай разглядеть мелколиственный сор,
Рынка весёлое олово,
Дай различить хрипловатый узор
Нежного южного говора.

Дай ужаснуться: куда ты в огонь,
Глупая, вспыхнешь — и нет тебя!
Прошлого века телячий вагон
Всё ещё тащится нехотя,

Полный притихших просроченных тайн,
Хищного стука и клёкота.
Мне-то не спрыгнуть, а ты улетай —
Пленная, сонная, лёгкая.

23.05.2023

***

А у нас уже лето готовится,
И гранатовый куст учреждён,
Как парламент, и туча шелковицы
Проливается липким дождём.

Ягод синие многоточия.
К голове подбирается зной.
Подыши за меня белой ночью,
Петроградской прозрачной весной.

26.05.2023

***

Жизнь нечаянно продлится
Улочкою незнакомой —
Липы зацвели в Тбилиси,
Пахнущие так, как дома —

Не золой, не плачем вдовьим,
Не войною, не бедою.
В этом облаке медовом
Мы обнимемся с тобою —

Сколько бы незваных мёртвых
Во поле, в оградке ржавой,
Сколько б серых километров
Между нами ни лежало.

Запах рая — всё бы литься,
Будто нет огня и скверны.
Липы зацвели в Тбилиси —
От отчаянья, наверно.

31.05.2023

***

От черничного пирога,
Что пекла к твоему приходу,
И от улицы, где пурга
Тополиная, пыль, свобода,

И от комнаты — пустота,
Дребезг мухи, семья на даче,
И от чайника, что всегда
Бормотал при тебе иначе,

От луча на краю тахты,
От ладони — огня и шёлка —
Свет струится — как будто ты
Дверь закрыл, но оставил щёлку.

2.06.2023

***

Едем-едем да снимаем фоточки —
Похвалиться кто же не готов.
Раскатились черепа да косточки
Украинских городов

В чистом поле, по рукам да по сердцу —
Не стереть отметки, не отмыть.
Прорастает из глазницы, просится
К свету маленькая сныть.

Едем к речке с травами да ивами,
За своею смертью и чужой,
Слушай, неужели правда скифы мы —
С перемётною душой?
Долго нам ещё катиться кубарем,
Убивая и не дуя в ус,
А свою-то жизнь когда раскупорим
И попробуем на вкус?

Едем-едем, долго или коротко,
Чья рука сюда нас завела?
Как махнём направо — нету города,
Как налево — нет села.

А кому не нравится — на вороте
Брань не долго провисит.
Времени в обрез — пока на воре-то
Шапка Мономаха догорит.

4.06.2023

***

— Здрасьте вам, так сказать, солнца, мира вам...
— Много вас таких, глаз да глаз, контроль да учёт...
Русский не эмигрирует — мимикрирует,
Превращаясь в травку, листок, сучок.

Ну кого колышет, кто там у нас съехал с глузду,
Что наш дом шатается, идёт на слом?
Слёзы наших смуглых дворников нам отольются —
Сами мы теперь не местные — поделом.

Мы не ближние — лишние, но не хищные,
Загляните нам в пасть — тупые у нас резцы,
И ухватки у нас уже не столичные,
Нас почти что нет, мы ветер, мы беглецы.

Кто прополз ужом да змейкой — за людей приняли
По недосмотру, — так уж лежи ничком,
Трухлявой щепкой прикинься, кустиком примулы —
Проходите мимо — веткой, сухим стручком.

Мы уж сами как-нибудь — не на шею вам.
Только бы
           полыхающее векá
Не приметили в глазах пламя Кощеево,
Не стряхнули — как гусеницу с пиджака.

10.06.2023

***

А почём сегодня ценится
Пядь земли под каблуком?
Вот и стала я кочевница,
Чуть присела — и бегом.
Что ж, причтённому к агрессорам
Не положено угла.
Землю тоненько нарезали
И смахнули со стола.

15.06.2023

***

Распускается пряжа лица,
Растворяется жизни основа,
Обнажая изнанку листа
С корешками проросшего слова.

Пять минут на дороге постой,
На перроне безлюдном и длинном.
Кроме этой бумаги пустой,
Нету больше земли нам,

Кроме временного угла,
Где к стене чемоданы поставишь,
И экрана — живого стекла,
И дождливого шороха клавиш.

22.06.2023

***

Если есть Париж, то всё не страшно.
Прилетела, убедилась: здесь.
Значит, можно жизни хлеб вчерашний
Размочить и потихоньку есть —

То ли, шею вытянув со шконки,
Удивляться — надо же, Ситэ!
То ли, свесившись с больничной койки,
Площади, трескучие, как сойки,
Сосчитать — с собором на хвосте.

Набережной петушиный гребень,
Рок-н-ролл на площади Колетт —
Ни войны, ни властного отребья —
В линию построены деревья,
Камень серебрится на просвет.

Я ещё пройду немножко, ладно,
В стрёкоте и свисте, до Шатле,
Ну, ещё глоточек — и обратно,
Растворюсь в родной кровавой мгле.

1.07.2023

***

Как быстро зачервивела эпоха —
Бежишь и повисаешь на краю.
Волынщик на листе чертополоха,
Подуй в меха, сыграй мне жизнь мою —

Ту, от которой потерялся ключик.
Поблескивает в скважине строка,
А ты — дуди среди своих колючек,
Под розовым фонариком цветка,

Не замечая этих, строй за строем
Идущих в смерть, залёгших по лесам,
Ни ту звезду, разбухшую от крови,
Что присосалась к нашим небесам.

Подуй в мехи, волынщик, не стесняйся,
И я увижу бережок, кусты,
И улицу, и с палкой бабу Настю,
Поленья с завитками бересты.

Вот на плите кипящее варенье,
Вот мужики стоят у гаража,
А глад и мор, война и наводненье —
Лишь чёрные прожилки витража.

28.06–3.07.2023

***

Когда на тебя обрушится дом,
Ты лежишь и понимаешь с трудом,
Какая из бывших комнат давит сильнее —
Спальня, где вы лежали вдвоём,
Вспыхивая, переливаясь, как водоём
На закате, или кухня — она левее,
Дальше, но волна борщей,
Чая, ухи — помнишь, из тех лещей —
Плещет в лицо, и облако разговоров
Пухнет, густеет. Но кухня теперь — труха.
Это под нею так затекла рука
Или под — губы кривятся — детской —
Может, её обломки впились в бедро?
Тьма такая — точно туннель метро,
Некуда деться.
Тихо лежи. Стены и пол жалей —
Им теперь ещё тяжелей —
Вспоминать твой голос, твои причуды,
И от конфорки волну тепла,
Нежные утренние колокола
Гуляющей по столу посуды.
Сквозь кирпичную пыль и куски стекла
Гадать — умерла или не умерла,
А вдруг ты уже калека,
Вдруг тебя не найдут —
Так и останешься тут,
Закатившись под бывший уют
Мелкой синей деталькой LEGO.

20.07.2023

***

Светало. Нева текла, как благая весть.
И небо слегка зеленело, и город весь
Лежал на ладони вытянутой руки,
Мосты закрывали железные лепестки.
Потом прорывало запруду — валил народ
В метро, на автобус, переправлялся вброд
Через Литейный, покачивался трамвай
Созревшим яблоком, ты говорил — давай
Мы туфли купим тебе, раздавался свист
Милиционера, и вывеска «Букинист»
Ныряла в арку, текли по спине мурашки,
И нас тащило вперёд, по кишкам Апрашки,
Трусам, полотенцам, шапкам, носкам — и зной
Бесстыжего чрева докатывался до Сенной.

А Невский лелеял свою красоту и спесь,
И снег выходил на улицу, в белом весь,
Невидимой тростью отсчитывая шаги
До мёртвой царевны — лежащей в гробу реки.
Коронный кофе — маленький четверной
Непризнанный гений заказывал, над чумной
Страной ни свет не струился, ни шёпот набожный,
И только Пушкин прохаживался по набережной.

Поэты — смеялся он — заправляют всем:
Поэт на Конюшенной сторожит бассейн,
А на Обводном поэт приручает газ
В котельной — какое нынче тепло без нас.
Стряхнув на сутки морок парнасских нег,
Поэт охраняет склад, убирает снег,
В сырых подвалах — переизбыток лир. —
И пушкинский силуэт поднимал цилиндр.

И город был — остров. Невидимый материк
К нему посылал корабли отречённых книг,

И вороны узникам в клювах несли стихи,
Качались над Петропавловкой лопухи,
И между строк летал тополиный пух,
И в гастрономе тянулся обед до двух,
И Бродский стоял на балконе, вперяя взор
В святого Павла, и справа желтел собор.

И ты говорил, из рюмочной выходя,
Ступив на асфальт, блестящий после дождя:
Казалось бы, век мечись, негодуй, томись,
А всё-таки этот город имеет смысл:
Бывает такая минута — прибита пыль,
И луч, растолкав облака, ударяет в шпиль
И под углом пронизывает проспект,
Соединяя мнимости жизни — в спектр.
Скользили глаза рассеянно за лучом,
И голос твой проворачивался ключом
От запертых серых волн и гранитных плит
Пятнистых — как вспомнишь, так сердце и заболит.
А нечего вспоминать — не достать рукой,
И луч отяжелел и провис дугой,
В крови намокнув, в тёмном её вине,
А ключ утонул в Неве и блестит на дне.

24.07.2023

***

Я пока не буду тебя будить.
В кои веки рядом —
Пусть подольше сна золотая нить
Не прорвётся адом

Новостей, срывающихся с цепи.
Ты со мной, и значит,
Не боюсь их хриплого лая. Спи,
Свернувшись в калачик.

Оживёт занавески цветная тень,
Край небесный слижет,
И шагнёт разлука — ещё на день
Ближе.

Мы её заговариваем пока,
До полночи сидя.
Тихо сеется наших дней мука
В её мелком сите —

На тарелки, чашки, горящий газ,
На окно. Однажды,
Как сугроб, с головою накроет нас —
Вот и спи пока что.

21.07.2023

***

Ну для кого я загораю,
Морочу тело?
Ведь ты не проведёшь по краю
Полоски белой

Внимательной рукой, не скажешь,
Подняв футболку,
Дивясь, как новому, пейзажу:
Почти креолка!

И не услышу я простое —
В четверг приду я,
И только солнце вхолостую
Кружит, буксуя.

29.07.2023

***

Ни души в коридорах — отличники,
Хорошисты свинтили к реке,
Проступили слова неприличные
На доске.

Ни имён, ни времён и ни сроков,
Слушай гулкую тишину:
Нас оставили после уроков —
На войну.

5.08.2023

***

У меня уезжает сын,
У меня уезжает жизнь —
Погружайся теперь в сны,
Между призраками кружись.

Без родного лица, руки
Мир так быстро теряет плоть,
Вьются времени сорняки
До макушки — не прополоть.

Что там вырастет, что взойдёт,
Где мы встретимся и когда?
И в саду нашем — до ворот —
Лебеда одна, лебеда.

7–9.08.2023

***

Эти жёлтые тбилисские
Вполнакала фонари,
Шерстяные горы близкие
С жаром, запертым внутри,

Эти хмурые приезжие
С лицами из фильма «Бег»,
Эти семьи ошалевшие,
Падающие, как снег, —

Кто в Америку, кто в Турцию,
Кто в Дубай, кто в Казахстан.
Мозгу-шарику не сдуться бы,
Не рассыпаться костям,

Жизни тающее счастьице
Контрабандой унося.
Вьётся на сердце, прощается
Виноградная лоза.

Холодок гуляет-мается
От затылка до крестца,
Горы тёмные сжимаются
Сумерками — как сердца.

17.08.2023

***

А в моей деревне август —
Георгины, яблоки,
Синевы созревшей мякоть,
На тропинке зяблики.

Облачные плоскодонки,
Огороды голые,
Электричка, воздух тонкий
С ниткой меланхолии.

И закат воздвигнут, красен,
В небесах — скрижалями,
И растёт у бани ясень,
Что с тобой сажали мы.

Только, видишь, не гулять мне
С грушею да вишнею,
И в шкафу завяло платье,
Про меня забывшее.

18.08.2023

***

Август мой — обрывается яблоко глухо, как сердце.
Август мой плодоносит, но уже вспоминает о смерти.
И взмывает любовь высоко, опустевшее тело покинув,
И глядят на нее, запрокинувшись, головы георгинов.
Август
            в гулких соборах лесов замедляет шаги, потому что
Сосен медные горны вот-вот затрубят на опушке,
Сразу дух перехватит, и нога потеряет опору,
Только храбрая мышь, набивая карман, пробирается в нору,
Только ёж семенит под своей железною стружкой,
На глазастой веранде — перезрелой смородины кружка.
Август мой, не обманешь, я тебя по дыханью узнаю,
Вот уже раскалилась стеклянная дверца печная,
И взбираются тени по стенам, потолочные трещины лижут,
Я любила садиться к гранатовым углям поближе,
Я любила небес недостроенные стропила —
К бане гвозди Плеяд приколочены — мало ли что я любила.
Август мой без меня отпускает летать паутинку,
Ставит низкого солнца заезженную пластинку,
И пока, замедляясь, она клонится к лесу, немая,
Август кружится, вместо меня пустоту обнимая.

19–20.08.2023

***

Кардиограмма леса —
Чёрным по синеве.
Венкою тонкой вейся,
Речка, в густой траве.

Августовская ясность.
Дятел стучит в бору.
Вот и прочла диагноз:
Не возвращусь — умру.

20.08.2023

***

Ave, Caesar! Покуда гибнут твои полки,
Я беру цветные мелки
И пишу послание на асфальте,
Но не по формуле — не извольте
Гневаться — изнемогаю, хочу домой,
Здесь мороз, косматые варвары, волчий вой.
Ничего подобного. Конечно, и мне хреново,
Но напитки не замерзают, и вьётся слово
Виноградной лозой, очерчивая края
Жизни, и если уж есть тут варвар — то это я.
Хорошо Назону — не тратил нервы,
Глядя в ютьюбе, как гибнут легионеры,
А в моей тарелке — бетонные крошки, пыль
От городов — и ухмылки твоих громил.
Украинский мальчик хоронит сестру и брата —
Ave, Caesar! Да, я хочу обратно,
В тесные желчнокаменные дворы,
Где и сам ты прятался до поры
В коммунальных дебрях, в пещерах комнат
И откуда выполз, волоча нецарскую кличку Моль —
А моль не чует чужую боль,
Пока ее не прихлопнут.
И поэтому прошу об одном:
Чтоб твоя подворотня стала тебе дном
И покрышкой, чтобы наше болото
Вёрткой моли, выпорхнувшей из комода,
Возвратила облик её — ничто.
И тогда я сяду в своё потрёпанное авто
И поеду домой — через вытертую равнину —
Будто из шкафа старую кофту выну —
В траченные тобой места.
Неизвестно, зачем. Неизвестно, куда.

3–7.05.2023

***

Расстоянья словно бы нет, и око
Видит лавочку, лужу, коробку сока,
Будто я сижу на пеньке у почты,
Только зуб — ни ягодки, ни грибочка,
Ничего неймёт из приманок летних,
Даже яблока — да, говорят, и нет их
В этот год.
      Конечно, далековато,
Чтобы видеть, как выплывает стадо
Из-за леса, как розовеет вымя
И качаются — нимбом — рога кривые.
Далеко, но я почему-то вижу —
Это Виктор перекрывает крышу,
Это Димка в промасленной куртке потной,
Это я — с листочками «Писем с Понта».
Переписываю — глаза влажнеют —
Да и не было писем тогда важнее,
Да и не было мыслей о том, что рано
Или поздно растает крыльцо, веранда,
На валу над железной дорогой ёлки,
Что придётся выть по ночам — да толку.
Ни конца, ни края у этих ночек.
Вот друзья на экране, а вот сыночек,
Вот очаг компьютера, свет нерезкий,
Угольки трещат — если можешь, грейся.

Покажи мне дом, покажи мне печку
С необманным огнём, покажи мне речку
С берегами топкими и мостками,
Покажи края полинявшей ткани —
Грузовик с дровами, сырые липы,
Гору ящиков за ларьками либо
Ганнибаловский лес, и клочок аллеи,
И руины — держи телефон левее.

Про экран, укравший у нас разлуку,
Ты сказал однажды. Но эта штука,
Что в ладони теплится, как живая,
Не заменит весёлый звонок трамвая,
На котором я знаю, куда поеду,
И ни зиму ту, и ни осень эту.
Глаз надёжнее, он проницает время —
И прозрачный жар от его горенья,
И дымок, когда оно помертвело —
Из-за гор косматых, из Сакартвело,
Из чужого гнезда, из плюща, платана
Видит дом в сирени, царя Салтана
У забора, а вот и сосед запойный,
И плакат, зовущий юнцов на бойню.
Небо цвета инжира течет, густея,
По сутулой горе — ты не знаешь, где я?
На сентябрьском солнце желтеют доски.
На ступеньке бани — раскрытый Бродский.

10.09.2023

***

Где судьба моя решается,
Я не ведаю о том.
Ты дождись меня, пожалуйста,
Остывающий мой дом.

Ель, дождись, и прудик с тиною,
Дверь, что надо починить,
И над крышею — утиная
Зацепившаяся нить,

На валу тропа заросшая
И шлагбаум со звонком,
И мужик с небритой рожею
За сиреневым ларьком,

Тётка, вынесшая к станции
Лук и меленький редис, —
Я возьму, если останется —
Обязательно дождись.

Заявляю устно, письменно —
Всё, включая комара,
Не забудь меня, дождись меня,
Я ещё не умерла.

Что ни новости, то выстрелы.
Но скрипит ночами дом,
В чёрных ёлках слышен издали
Дятла громкий метроном.

22.08.2023

***

Грузинская речь. Вездесущая,
Ползущая в вечность лоза —
Верёвкой, речною излучиной:
Скользнуть бы за ней, да нельзя.

Так жарко — за детскими визгами
Не слышно, как плещет вода
В фонтане. Уж если я изгнана
Из дома — то лучше сюда,

В кирпичные ветхие заросли —
Как шавку бродячую, страх
Гоня от себя — не состарюсь ли
В решётчатых этих дворах,

В знамёнах белья, между розами,
Забыв о кленовом листе,
О друге, о снеге, об осени —
Когда мы увидимся, где?

Не выпить ли — вспыхнет участие
На лицах, как пламя в костре,
Но маятник солнца качается —
Быстрее, быстрее, быстрей.

23.08.2023

НАСТАВЛЕНИЯ СЫНУ

1

Ты сходи на кладбище. Пятый хвойный,
Поворот аккурат за могилой братской —
Ты же помнишь, мы же ходили. Войны
От живых своею повадкой блядской

Отрывают мёртвых. Найди скамейку,
Оборви сорняки, посади цветочки.
Мне теперь туда ни ужом, ни змейкой
Не пробраться — в этом году уж точно.

Всё вернулось на круги — ни петь, ни плакать —
Кто плясал от радости в девяностых?
То-то. Ладно, мама не дожила хоть,
Ну а бабушка знала, что всё вернётся.

Уж чего-чего, а пустых бутылей
Там всегда полно, где вода — ты помнишь.
Ямки вырой поглубже, побольше вылей,
Жаль, что я тебе не приду на помощь.

Хвойный шорох, мелкий ольховый шёпот,
Небо в дырках от ёлок, тропа лесная.
Вытри камень тряпками. Хорошо хоть,
Ни отец, ни дедушка не узнали.

Подмети. С цветников соскреби лишайник.
Кто-то смотрит всегда через ёлки эти.
Ты теперь за старшего. Навещай их —
Чтобы не потерялись в лесу, как дети.

2

Покоси хоть немного траву у дома,
Чтобы ирис выжил, репей и ландыш,

И глазам светло, и ногам удобно:
От крыльца до канавы, а дальше — ладно уж,

Всё поменьше мерзости запустенья.
И буфет внизу закрывай плотнее,
Чтобы мышь не пролезла. Советы тени
Проще выслушать, а не спорить с нею.

Собери калину, пока не поздно,
Да купи у Юры побольше мёду —
Будешь пить зимой. И пока морозы
Не пришли, обязательно вылей воду

Из котла, на помощь зови Максима.
Сможешь сам? Почему я тебе не верю?
Просто ты в эти сферы влезал не сильно.
И прибей, наконец уже, ручку к двери.

Приспособился ломиком? Ну а я-то,
Как вернусь... Но об этом пока не будем.
Колбасы не ешь и другого яда —
Покупай у Нины сметану, студень,

Жарь грибы с картошкой — и будешь сытым.
Надышись поглубже осенним лесом.
Холодильник отключишь — оставь открытым,
А иначе внутри заведётся плесень.

Да купи кроссовки — они не прихоть.
Убери с веранды свой детский мячик.
А пройдёт с коляской Антон — спроси хоть,
Кто родился, девочка или мальчик.

На соседку забей, что врагом народа
Назвала меня — лает пускай на ветер.

На доносы тоже проходит мода.
Жаль, что мышь поселилась-таки в буфете.

11–12.09.2023

3
Сделай паспорт, пожалуйста, сделай паспорт,
Ну и что, что старый пока годится,
Не тяни, покуда двуглавый аспид
Клюнет в жопу спящего пофигиста.

Да, тупой, замшелый, но всё живое
Превращает в мёртвое виртуозно —
Так пускай моего не услышит воя,
Сделай паспорт, пока не поздно.

Ну, отсрочка — мало ли, что отсрочка,
Ты же знаешь, недолговечно счастье:
Уберут параграф, добавят строчку —
И прикроют лавочку в одночасье.

Прав Сокуров — если родился мальчик,
Значит, должен погибнуть, и все согласны.
Нет уж, накося-выкуси, не заманчив
Рок — полечь под Лиманом или Попасной.

Ну и что, что чудовище сыто-пьяно —
Всё равно приникает к вечерним окнам,
Даже если очередь не твоя, но
Вдруг не сможешь приехать на Рождество к нам.

Мне пока в отечество путь заказан —
Там мне место почётное у параши.
Паспорта дают ещё, мутным глазом
Оглядев? Вот и делай, и лучше раньше.

Не дай Бог, передумают: всё, не выдам! —
Гребешком кровавым тряхнёт и щёлкнет
Клювом тётка в окошечке — от Москвы до
Необъятных окраин захлопнет щёлку.

4
Ты плати там вовремя за квартиру,
До двадцатого лучше. Найди забытый
Пуховик в химчистке. Не упустила
Ничего я? Коврик, видавший виды,

Заменить бы надо. Катушку лески
И пакет белья отвези на дачу.
Постирай покрывало и занавески.
Окна вымыл? Ясно, ещё не начал,

Так и знала. Не улыбайся хитро.
Всё, как видишь, теперь на тебе: засада!
Будешь в храме — узнай, как отец Димитрий,
Обними там матушку Александру.

Не забудь на Кронверке дом с балконом,
Где чугунные листья старинной ковки:
Мне родное сделалось — незаконным.
Да, и вот ещё — почини духовку!

Это ж так удобно: поставил мясо
С чесноком или рыбу — и ешь неделю.
Что ты там готовишь — гадай да майся,
И футболка висит на худющем теле.

В новостях, как раньше, — кровища, танки,
Всех убьём, нагнём, калинка-малинка.
И когда пойду с тобой по Фонтанке
К Чернышову мосту и к Сенному рынку?

И взъерошит волосы ветер шалый,
Отгоняя наглую смерть и старость...
Ну а ролики ты продай, пожалуй —
По Елагину так и не покатались.

13.09.2023

5
Как же это нету Акутагавы —
Был ведь точно том его светло-серый,
Я же помню, в гостиной на самом правом
Стеллаже стоял он — до нашей эры,

Примешавшей к воздуху посвист пули
И к воде — чуть слышимый привкус крови.
Раньше книгу на полке найдёшь вслепую,
А теперь квартира тебе — как Троя.

Ты копай, копай, не жалей усилий.
В застеклённом шкафу у меня — Карсавин
И Шесто́в, а с другой стороны — Васильев
Павел —
          не расстреляли бы, то-то славен

Был бы, то-то своим серебром казачьим
Раззвенелся громче, взлетел бы выше.
Никого не зовём, ни о ком не плачем
Из убитых нами. Так ясно вижу

Этот синий томик его, как будто
На ладони качаю в ночном дозоре.
Дочитаешь до «Соляного бунта» —
И во рту проступят крупинки соли.

Да ещё Ходасевича отыскал бы,
Он в другом шкафу, у дверей — короче,

Проберись через книжные наши Альпы,
Погляди на звериную поступь строчек

Европейской ночи вокруг поэта,
Со своей отрубленной головою
Говорящего. В мёртвом квадрате света,
В телефоне — моя говорит с тобою.

Из убитых, изгнанных — знаешь, столько
Городов получится — но не будем.
Проведи рукою по книжной полке:
Не всплывёт Ходасевич — найдётся Бунин.

18.09.2023

***

Леденея от сводок
О войне, отвернёшься погреться —
Обезболенный воздух,
Золотое сечение Греции.

Из-за ленты прибоя
Не слышны ни проклятья, ни взрывы.
Где болит? Бог с тобою —
На горах серебрятся оливы.

Солнце золотошвейное
Пробежит под стеклянной волною,
Всё вокруг — довоенное,
Только ты со своею войною,

Яд из раны не выжав,
Не дыша, улыбаясь для вида,
Бродишь между живыми,
Словно скорбная тень из Аида.

9.10.2023

АРХЕОЛОГИЯ

Статуэтка белая,
Чаша для вина.
Человека сделала
Глина и война.

Что ему до неба,
Тропка далека —
Сделать поровнее бы
Краешек горшка,

Да уродца этого
Сунуть в самый жар,
Да убить соседа,
Чтобы не мешал,

Хоть бы и дубиной,
Хоть бы и стрелой —
И опять над глиной
Наклониться. — Ой,

Веточкою острой
Провелась черта —
Ходят рядом сёстры
Смерть и красота.

Облик человечий —
Мять его и мять —
Ножики, колечки,
Глиняная мать.

9.10.2023

***

Последние мирные годы.
Под вечер на бывшей Сенной
Заканчивают работу
Сапожник, точильщик, портной.

Закрою глаза — и увижу
И маму, и папу — детьми,
И круглую тумбу афиши,
Киоск и скамейку в тени.

Вот лёгкого зноя дрожанье,
Вот Лещенко где-то поёт,
И дедушка в новой пижаме
С улыбкой по пляжу идёт.

И бабушкин ситец в цветочек,
И тополь, и детский галдёж.
Точильщик все точит и точит
На круге невидимый нож.

Портной докроит гимнастёрку,
Сапожник — сапог из кирзы,
И тётка в жакетке потёртой
Положит кулёк на весы.

Всё мирное кажется вечным,
Партер засверкает к семи,
И все они так же беспечны
И призрачны — так же, как мы.

17.10.2023

***

Пахнет осенью в немецком городке —
Будто с жизнью мы опять накоротке,
Будто я стою у «Горьковской» метро
И держу в руке жар-птицыно перо.
Этот шорох, этот жар — не вороши! —
Вырастает на развалинах души,
Потерявшейся меж небом и землёй,
Осыпающейся жёлтою листвой.
Этот запах, эта горечь, этот дым
Так легко плывёт по улицам чужим —
Будто бродишь в ожидании дружка
По дороге, и до дому два шага.

22.10.2023

***

Тишина немецкого городка.
Сад, приникнув к небу, последнее солнце доит,
Пахнет свежей выпечкой, поблескивает река,
Только не надевай, пожалуйста, магендовид —

Ни на цепочке, ни на кольце,
Ни тем более на футболке — то бишь
Не заставляй прохожих изменяться в лице,
Не буди чудовищ,

Спящих под «Никогда больше!»
                                   Качай печаль,
Как плачущего ребенка, в кофейне грейся,
Но только помни, помни, что к *тем* печам
Не разбомбили рельсы.

                                                    18.10.2023

***

Всемирный еврейский погром не влияет на осень.
Шуршит под ногами сухая кленовая осыпь.
И нежится, щурится, жмурится каждая особь,
Под дымчатым солнцем местечко себе отыскав.
И лишь человечек, мечтающий — где б ему скрыться,
Бледнеет и в чёрную норку ныряет, как крыса, —
Напрасно, напрасно: прочна лишь небесная крыша,
Лишь та, над мохнатой горой и обломками скал

Бездомная синь, где Отец укоризненно ждёт нас —
Тех, с братскою плотью кровавой, застрявшею в дёснах,
И этих, растерзанных заживо: кротких и грозных,
И, кто б ни взывал к площадной справедливости — всех.
Когда нас убьют — ты не бойся — останется осень
И выведет мёртвых на свет, как прекрасный Иосиф,
На жёлтые звёзды листвы и, траву подморозив,
Постелет нам под ноги снега сияющий мех.

Когда нас убьют, то, конечно, потом пожалеют —
Ну как мы могли! — и в какой-нибудь пышной аллее
Поставив нам памятник, мирно пойдут по домам.
Напишут картины и книги — и снова убьют нас,
И землю отнимут, и спрячутся в спальнях уютных.
Но осени ультрамарин, одинокий, как юность,
Багровый шиповник в ладони — останется нам.

1.11.2023

***

Дней оструганные доски,
Прочный драп, фанерный щит.
Год — немаркий, тёплый, ноский,
Ладно скроен, крепко сшит.

Но как только в эти двери
Стукнет осень — оглянись:
Что-то гвозди заржавели,
Что-то нитки порвались,

Дым из-под копыт Мерани,
Перетёршиеся швы,
Запах
         в щель между мирами
Улетающей листвы.

6.11.2023

***

По осени всё расцветает снова —
Ромашки, одуванчики, цикорий.
О, Грузия — ну чем не Казанова:
Любить скорее — на пороге горя,

На грани смерти — обниматься крепче —
Малиной, ежевикой, виноградом,
Колючей буквой и текучей речью,
Бесшумной птицей и косящим взглядом.

Уже зима в дверях стоит с укором,
Рассыпал ветер мелкие иголки,
Но тянется ладонь погладить гору —
Вместо тебя — и потрепать по холке.

4.11.2023

***

Позвони мне утром, я жива ещё,
Сердце разве что сухим листом трясётся.
Над горой дымится остывающее
Грузное одышливое солнце.

Двор, где обнялись мы на прощание,
Говорили ерунду, стояли долго,
Жёлтою листвой уложен тщательно,
Как ненужными вещами — барахолка.

Всюду бродят осенепоклонники
Шагом настороженным балетным,
И мешаются куски военной хроники
С чем-то мирным, с чем-то прошлым, с чем-то летним.

Пишет облако слова на синем куполе,
Трескается кожура граната.
Осень не заметит нашей убыли.
Напиши мне утром — нет, не надо.

5.11.2023

***

Это синий. Это жёлтый.
Это осень цвета Джотто.
Царство Божие не жжётся,
Но горит — глаза протри:
Эти ветхие заборы,
Эти сахарные горы,
Этот воздух из фарфора —
Не снаружи, а внутри.
Эта стираная синька,
Расходящиеся швы,
Самолётная тропинка
Среди тающей листвы,
Это мы в случайном доме
У стола, в дверном проёме
Или, может быть, не мы,
И на скатерти зелёной
Блюдо огненной хурмы.
Это слово, что ночами
Прорастало на губах,
Эти крылья за плечами,
Эти руки на плечах —
Это рядом, это близко,
Но уже не видно лиц,
Лишь боярышника брызги
Над бровями запеклись.

2–3.11.2023

***

Никаких соловьёв в соловьином лесу.
Ветка держит оранжевый лист на весу,
Вот отпустит — и он поплывёт между горными гребнями
Прямо к нашему дому — письмом до востребования.

Никакой тебе здесь соловьиной игры.
Проступает сухой позвоночник горы
Сквозь тропу. Ни шипенья машин, ни собачьего лая,
Здесь и прячется осень — посмотри, я нашла её.

Мы заглянем в лицо ей, когда мы умрём.
Остывая, дымится гора — алтарём.
Запах жертвенных листьев с размаху кидается в ноздри,
На древесных качелях пусты соловьиные гнёзда.

Перед самой зимой зацветает шалфей —
Фиолетовый голос, немой соловей,
Как над крышей у нас, поднимается тонкий дымок его
Среди чёрного ельника, отяжелевшего, мокрого.

Я ещё поброжу в соловьином лесу
И в кармане шиповник тебе принесу,
Заварить от простуды. А воздушный посланец оранжевый
Всё летит и летит, а когда приземлится — не спрашивай.

6.11.2023

***

Потому что это не север, а юг,
Здесь ещё иногда за столами поют.
Потому что дорога — вдоль каменных стен
И планеты гранатов — на голом кусте.
Потому что гора. Потому что я тут.
Потому что нигде меня больше не ждут.
Потому что боярышник, мелок и ал,
Лихорадкой прохладную синь обметал.
Потому что скала. Потому что в лесу
Облетает листва и зима на носу.
Потому что на сдачу с потраченных лет
Я купила на рынке дешёвый браслет.
Потому что оставивший дом — не в чести,
Потому что тебе до меня не дойти —
Перевалы войной завалило давно.
Но темнеет в зелёной бутыли вино,
Есть лаваш из пылающей печки, и есть
Прядкой женских волос перевязанный крєст.

8.11.2023

***

Солнце в дымке над горами.
Жилка теплится в листке.
Воздуха сырые грани
Запотели в холодке,

И не видно, сколько жизни
Остаётся отхлебнуть.
Лёгкий паучок повиснет
На верёвочке — и в путь.

Вьётся на горе дорога
Только вверх и только вниз.
Светом залитое око
Заслезится — оглянись:

Красный лист уже сгорает
В измерении ином.
Осень — это образ рая.
Солнце. Синь. Конец времён.

9.11.2023

ДРУЗЬЯМ

У вас дворы белеют понемногу
И холодок ползёт под свитера,
А я ещё в туфлях на босу ногу
На нашу гору выхожу с утра.

Тут крыши солнцем смазаны, как маслом,
Лепёшки из печей — вознесены,
А вам уже колючий воздух связан
И на плечи накинут — до весны.

Нева, небось, колотится о сваи,
В тумане растворён дворцовый куб —
Как кубик сахара. Я далеко. Я с вами.
Я вижу лёгкий пар из ваших губ,

И ваши сны, и книги, и застолья,
Мой взгляд и беспокоен, и ревнив.
Я среди вас — не видите вы, что ли, —
Сижу, лицо в ладони уронив.

7.11 2023

***

Холмы Армении проведены смычком.
Камней, лежащих на земле ничком,
Двоящуюся даль не одолеть с наскока.
В ребристых тополях — огромный телескоп,
На голом черепе узоры скреп и скоб.
Стемнеет — немигающее око

Раскроется и отразит миры.
Мы сядем в уголке, меж звёздной мишуры —
Материи послед, зародыши галактик
Переливаются и дышат в чёрных матках
Живого космоса, таинственной игры.

Учёный говорит о спектре и квазаре.
А мне вчера торговка на базаре
Бугристые гранаты продала.
Надрежешь кожуру, откроешь шлюзы —
И высыпаются тугие друзы
Планет и катятся по краешку стола.

Кружится зеркало, похожее на разум,
За спичками комет, за звёздным газом,
А я спускаюсь по холму — туда,
К умершим травам, каменным террасам,
Где смотрит в небо опустевшим глазом
Сухой чертополох — погасшая звезда.

14.11.2023

***

Вымогатель любовных признаний,
Жалких слов достоевских моих,
Всё-то сбудется, только не с нами,
Обрывается лёгкий мотив.

Вот мальчишки гоняют на досках,
Воробьи разорались в кустах,
В новостных мельтешащих полосках —
Кровь и гной, как на старых бинтах.

То Сорокин мигнёт, то Пелевин,
То святой Иоанн Богослов,
Отделяющий зёрна от плевел,
Твердь дневную от дымчатых снов,

Скорлупу от ореха.
                        Открыто —
Не стучи, не заглядывай в рот:
Слово плещется там, будто рыба,
А как вытащишь — сразу умрёт.

29.11.2023

***

Ни слов, ни подвигов, ни доблести —
Не надо ей чужих знамён.
Последних листьев шрифт убористый,
Валун, ослепший водоём.

Какие ей огни вечерние,
Какие пляски-виражи —
Останови кровотечение,
Ладонь на лоб ей положи.

Мне корочки ржаной поджаристой
Из рук её уже не брать,
Ты вылечи её, пожалуйста, —
Лишь бы успеть её обнять.

А не подпустит, проклянёт меня —
Ну что же, не попомню зла.
Хоть ласковая, хоть холодная,
Не важно — только бы жила.

3.12.2023

***

А ты не смотри на меня из травы
Нездешней, из сладкого снега.
Ты душу-то, душу-то мне не трави,
По кухне знакомой не бегай.

Какая в окошке твоем красота!
Да знаю я, что тебя гложет —
Ведь это не может вот так, навсегда —
А кто нам сказал, что не может?

Я скоро приеду… а если… а вдруг…
Доколе, скажите на милость?
И валится жизнь из опущенных рук.
Да ладно. Уже развалилась.

29.12.2023

***

Почему на Фонтанке желтеет лёд,
Почему негодяям всегда везёт,
Заколодел давно прямоезжий путь —
В Петербург не сунуться, не шагнуть,
И в кармане — за тридевять гор, морей —
Я сжимаю ключ от моих дверей?
Почему — ты скажешь: «По кочану» —
Нефиг делать — спичкой зажечь войну,
А заткнуть ей в глотку поганый вой —
Все равно что стену пробить башкой?
Почему Кощей затмевает свет,
А серебряной пули всё нет и нет,
Почему тайком на краю земли
Лягушачью кожу мою сожгли,
Почему я должна по ночам, дрожа,
Выбирать — Россия или душа?

22.11.2023

***

Ещё немножко света
От лампочки дешёвой.
Ещё кусочек феты —
Хоть век почти прожёван.

Найти бы твою руку,
Как прежде, в темноте,
Похерить бы разлуку —
Да мускулы не те.

Услышать бы твой голос,
Звенящий, как Париж,
Увидеть, как ты, сгорбясь,
Над книжкою сидишь.

Раскрошенная пицца,
Недопитый глоток,
Ослиные копытца,
Вороний коготок.

Стучит морзянка сердца,
Глухое раз-два-три,
Найти бы только средство,
Чтоб не пекло внутри

И не просило лишней
Минуты куража —
Ещё немножко жизни
На кончике ножа.

23–24.12.2023

***

Как быстро смеркается — мёд и гранатовый сок
Потёк из окошек, а прочих чудес незаметно.
Волхвы уже вышли, никто их пока не засёк,
И ноги их вязнут в подшёрстке медвежьей Мтацминды.

На севере тоже никто их не видит пока,
И в граде моём, обведённом чертой меловою,
Такие глубокие им постелили снега —
Наступишь на край — и как раз пропадёшь с головою.

Звезды ещё нет, остаётся грести между строк,
Как птицы на юг, повинуясь горящему зову.
Черны небеса, но клубятся туманности в трёх
Сердцах, учащаются вспышки — рожденье сверхновой.

К скамье у колодца примёрзло ведро во дворе,
Попрятались в дупла и норы озябшие твари.
Проходят волхвы по замёрзшей Неве, Ангаре,
Глядят со скалы на короткое платьице Мтквари.

Звезды ещё нету. Спокойны волхвы — ну и пусть.
Темнеет Арагви, и отдых им светит не скоро.
И Волхов замёрзший белеет, и главное — путь.
Звезда же родится — из крови, сомненья и горя.

25.12.2023

***

Ну что ты, ведь я же не дома — в гостях,
На сетчатых улицах, дымчатых склонах,
Где каждая простынь пестреет, как стяг,
В нарочных дворах раскалённых.

Я здесь ненадолго. Ещё посидим
В излюбленном баре за столиком утлым,
И будет туманным, и будет седым,
Смурным петроградское утро.

Лимонный кружок увлажнится. — Пойдём, —
Ты скажешь — и мы до Фонтанки, до Спаса
В обнимку, и слово запретное — дом
Впервые не вызовет спазма.

Я здесь ненадолго — плывут у метро
Гортанные фразы и запах ванили,
И сердце гремит, как пустое ведро,
Которое вдруг уронили.

27.12.2023

***

Не будем о грустном, не будем,
Разложим закуски по блюдам,
Накупим диковинок разных
Бессмысленных — всё-таки праздник.
Не будем, не будем о грустном —
До боли костяшками хрустнем,
Склонясь над покинутым домом,
И зубы сожмём, не застонем.
Ты помнишь, ты помнишь, ты помнишь —
Как будто — на помощь, на помощь! —
Несётся метелью живою
Над Питером и над Москвою,
Где воздух, как кружево, дырчат,
И чайник уже не мурлычет.
Не будем, не будем сегодня —
Вот новое лето Господне,
И тень довоенного кайфа,
И можно обняться по скайпу.

29.12.2023

***

Благословенна ночь, когда прилетает сын,
Благословен самолёт, которым он был носим,
Ничего, что рейс откладывался пять раз,
Благословен рюкзак, и шапка, и даже грязь
На его ботинках — оттуда, из наших мест,
Благословен суп, что он, обжигаясь, ест,
Благословен диван, где он проспит до утра.
Варёное яйцо на завтрак и та гора,
Что выгнула жёлтую спину — для наших встреч,
И другая гора — что упала с плеч.
Благословен базар, куда мы пойдём, окно,
Где увидим сороку на дереве, и кино,
Которое вместе посмотрим — а можно и не смотреть,
Просто болтать ни о чём — и отступает смерть.

30.12.2023

***

В моей руке — стеклянный шар земной,
Встряхнёшь его — и вьюга закружится
Над нашим домом, над моей зимой,
Такой далёкой и такой пушистой,

Что хочется погладить, как кота,
Искристый снег — покуда не потухнет,
И не бывает слова «никогда»,
И золотится лампочка на кухне.

Я вижу — губы движутся. Тепло.
Ты говоришь — и хлопьями кружатся
Слова — и через толстое стекло
Никак, никак туда не перебраться.

19–20.01.2024

***

Только не здесь, только не на чужбине.
Мне всё равно падать, хрипя — лишь бы не
Здесь, на горе, в мелких соцветьях пёстрых,
Высохшим ртом вязкий глотая воздух,
А пятернёй — клочья травы, — короче,
Знаю, тебя не называют склочной:
Здесь или там, в ёлках у старой почты —
Что тебе в том, где меня подберешь ты?
Разве прошу много — чтобы у края,
Тело моё бывшее омывая,
Из-под ногтей вымыли — это ж малость! —
Землю мою — за прочее не цеплялась.

14.01.2024

***

Ну посиди со мной, поговори со мной,
Покуда рядом мы — ещё немножечко,
Пока засыпан мир порошей рисовой,
Пока судьба со мной играет в ножички —

Отрежет столечко, потом полстолечко,
Оставив клинышек всё у́же, у́же нам.
Пальто на вешалке, вино на полочке —
Ты посиди со мной за поздним ужином.

Ещё полстолечко осталось времени,
А четверть-столечко уже отрезали,
А завтра — будет ли? А завтра — тени мы.
Поговори со мной, пока нам весело,

Пока нам кажется, что всё наладится,
Что заведётся жизнь мотором дизельным,
И чай заварится — возьми оладьи-то,
Ещё полстолечко хоть посиди со мной —

Пока засеется сухой порошею
Дорожка белая, которой завтра ты...
Пока зима моя — уже порожняя —
Не повалилась мне под ноги замертво.

9–10.01.2024

***

Когда все уезжающие уедут,
Когда все умирающие умрут,
Оставшиеся какой-нибудь хитрый метод —
Чтобы остаться — изобретут.

Закроют глаза — будто нас и не было,
Поставят бочку, напишут: «Квас»,
Выроют пруд и запустят лебедя —
Типа, жизнь продолжается, но без вас.

И стол накроют обрывком старого,
Полуистлевшего кумача...
По дворам рассеется наша армия,
Не стреляя, не топоча:

Наши тени вытекут из-под спуда,
Просочатся, хлынут, войдут — не суть —
В склеротические сосуды
Улиц, заученных наизусть.

Посреди модерна и ложной готики,
Посреди кустов с воробьиным «жив!»
Растворятся невидимо, как наркотики,
Каждый шаг запутав и закружив.

Из каких подвалов звезда засветит,
Из каких ещё новых сибирских руд —
Когда все уезжающие уедут,
Когда все умирающие умрут.

24.01.2024

***

Огромной чёрной змеёй война ползёт по земле,
На ней написано OST.
Блестит её чешуя, как мелкий дождь на стекле,
Она кусает свой хвост.

Война вползает на холм, война скользит под мостом,
На ней написано WEST.
Ещё не весь горизонт она задела хвостом,
Но собирается — весь.

Мелькает узкий язык из твёрдых лаковых уст —
Давно ли хавали жмых?
Её прохладен живот, её смертелен укус
Для мёртвых и для живых.

Послушай сотый подкаст и пятисотый ютьюб,
Послушай гул в голове.
Среди запретных ветвей она висела в раю —
Теперь шуршит по траве.

Не проникает рассвет под треугольную кость
Её пустой головы.
На ней написано WEST, на ней написано OST
И мелким шрифтом — увы.

Она — длинней и длинней, вдоль мускулистой спины
Летает мёртвый пилот.
И череп прошлой войны и позапрошлой войны
Блестит из мёрзлых болот.

Война вползает в мой дом, и выгоняет меня,
И преломляет мой хлеб,
И пробует на язык моих друзей имена,
И звук шипящий — нелеп.

Пойдёшь направо — мертвец и дом, разбитый с торца,
Пойдёшь налево — беглец,
И никому не отмыть ни рук своих, ни лица
От её сжатых колец.

25.01.2024

***

— А что же с нашей любовью? — Она истекает кровью.
У нашей с тобой любови война стоит в изголовьи.
Плохо нашей любови с сиделкою окаянной —
Глаза у любови пьяны, а под глазами — ямы.
И руки лежат у любови, прозрачны, на одеяле —
Два года уж мы с тобою друг друга не обнимали.
— А что же с нашей страною? — Она поросла травою,
Дурною такой травою — как гляну, так и завою.
Всё цело вроде в округе — но трески пошли да стуки
На севере и на юге, и плачут мои подруги.
Всё цело — гуляют вьюги, деревни плывут, как глюки,
Да трески везде, да стуки, да крики — какие суки!
— А как же там наши дети? — А дети подались в нети,
Как холодно им на свете, полны мертвецами сети.
Проснёшься — и крикнуть хочется — когда же всё это
                                                  кончится?!
Да никогда не кончится, забудь своё имя-отчество.

26.01.2024

***

Тишина-то, Господи,
Над Твоей зимой —
Только снега оспины,
Белый воздух Твой.

Мне-то, знаешь, только бы
Вон по той тропе,
Вон под теми ёлками,
А потом к Тебе.

Мне бы хрусткой стужею
К ледяным мосткам —
Ведь не убегу же я
И не спрячусь там.

Мне б в окошке ситцевом
Утопить глаза,
Мне бы не просить тебя,
О чём нельзя.

26.01.2024

***

По улице моей идут другие,
Они её по имени зовут —
Такие же, как я, да не такие —
Живут в моём подъезде, кофе пьют,

Ругаются, что снег не убирают,
Что магазин закрыли на углу,
И думают — кого-то не хватает.
А снег танцует, будто на балу.

И в эту арку, под карниз пушистый
Других несёт привычно колея,
А улица ночами не ложится,
Стоит и смотрит — не иду ли я.

1.02.2024

***

Странное мы выиграли ралли,
А зачем — да разве есть ответ.
Просто дедов недорасстреляли —
Вот и появились мы на свет.

Недомучили, недопытали,
Недобили в зубы сапогом.
Март сочится — забродивший, талый,
Жизнь живётся боком и тайком.

И какой-то чай сегодня жидкий,
Разговор какой-то мелкий. Мы —
Недоразумение, ошибка,
Сбой программы, упущенье тьмы.

Вот она потянется, проснётся,
Повернётся к нам, измыслит месть...
Мы успели — повидали солнце,
Прокричали сдавленно — мы здесь!

9.02.2024

***

Посреди немоты, посреди срамоты —
Всё пропало, не стоит бороться —
К соловецким камням прибывают цветы,
По морозцу плывут, по морозцу.

К ледниковым, забрызганным кровью камням —
Неотмщённой, засохшею, ржавой,
Над которой витает утробное «мням»,
Прерываясь отрыжкой державной.

Вытирай же слепую слезу рукавом,
Понимай безо всякой Кассандры —
Эти жертвою пали в бою роковом,
Ну а тем — приготовиться завтра.

К соловецким камням прибивает цветы,
Снег усеян гвоздиками густо.
Разбегаются все у последней черты,
Только мученики остаются.

Только мученики нам кивают в строю —
Мол, во мраке косматом не канем —
И прозрачную жизнь расправляют свою,
Соловецким примятую камнем.

16.02.2024

***

Аввакум проклинал,
Алексей благословлял,
Оба сидели в яме,
Оба сегодня с нами.
Господи, упокой душу раба Твоего Алексея,
Пожалей Расею,
Что, от крови косея,
Убивает и убивает.
Тромб оторвался. Бывает.
От Харпа до Пустозерска —
Как от ребра до сердца —
Ангел летит, трубя.
Лёша любил Тебя.
А эти, с пёсьими мордами,
Честное слово,
Больше боятся мёртвого,
Чем живого.

17.02.2024

***

А что до похорон,
Так это мы умеем —
Придём со всем сторон,
От горя онемеем.

В глазах плывёт тоска,
Гудят автомобили —
Такого мужика
Напрасно загубили!

Казалось — Боже мой,
Свезло нам в кои веки —
И всё. Ползём домой,
Как с паперти калеки.

1.03.2024

***

Я ревную к вам, сворачивающим свободно
На Сенную, Сенатскую, на Обводный
И ногами — не зная удержу, края, меры —
Переулок твердящим, прямой, как строка Гомера.
Я ревную к глазам, слетающим голубями
На Пушкарскую, к старой кирпичной бане,
На кудрявые головы Посейдона и Амфитриты
И на оспины розового гранита.
И к голосам ревную, смешливым, нежным,
По Садовой скользящим и по Манежной,
По заснеженному крыльцу опустевшей Биржи.
Не поминайте зла. Не зовите бывшей.

25.02.2024

***

Названия улиц — как сахар во рту,
Возьмёшь на язык — и растают.
А снег всё летит — и дрожит на ветру
Австрийская площадь пустая.

А снег всё летит, ускоряя разбег,
И вьётся у самого носа,
И твёрдый Каменноостровский проспект —
Бесформенным, мягким заносит.

И всё, что случилось на нашем веку,
Листает, как тёмную книгу,
Где Троицкий мост, позвонок к позвонку,
Дугу свою гончую выгнул.

И прямо на сердце — в оконный проём
Спускаются хлопья всё ниже,
Зверинская с Малой Посадской вдвоём
Мне ноги остывшие лижут.

И время кончается. Тихо стою.
Замёрзшую улицу нашу
Ищу машинально, как руку твою —
И глажу, и глажу, и глажу.

25–26.02.2024

***

Снег. Деревья в бумажных коронах.
Белый сад, белый двор, белый лес.
И спускаются к ним — семь огромных,
На бесшумных шарнирах, небес.

На крыльцо, на собаку, на копья
Ёлок — валятся семь этажей —
И запутались лёгкие хлопья
В мёртвых петлях своих виражей.

Свет погас. Разрядился мобильник,
Надрывается пёс на цепи,
Кто-то внёс этот снег, как светильник,
Кто-то на ухо шепчет — не спи!

И на злых и на добрых, на честных
И на лживых, на кровь и на грязь
Семь смертельных небес лобачевских
Прямо в душу летят, накренясь.

26.02.2024

***

А я вернусь уже другая,
Не плача и не упрекая,
Мне дождик зафигачит блюз,
Споёт петух соседский — трижды. —
Пока не слышно, — говоришь ты?
Но я вернусь? Ведь я вернусь?

Какую ноту задал Галич —
Чтоб губы сами спотыкались,
В кровь разбивались на бегу.
Вер-нусь: и верность, и разлука,
Верхушки лип и среди луга —
Метели судорога — у-у.

Пойду к реке, увижу чаек.
Ну что ты головой качаешь?
Пускай — зима и снег глубок,
Но я вернусь — ведь правда? Правда?
Мне даже печка будет рада,
И веник — разметём порог,
Расчистим тропку у калитки,
И чайник закипит на плитке…
Что ж ты глядишь куда-то вбок?

22.11.2023

Детская и подростковая литература

Александр Архангельский
ПРАВИЛО МУРАВЧИКА

Сборник рассказов для детей 10—14 лет
СЛОВО НА БУКВУ «В»

Шаши Мартынова
РЕБЁНКУ ВАСИЛИЮ СНИТСЯ

Shashi Martynova
BASIL THE CHILD DREAMS
Translated by Max Nemtsov

Алексей Шеремет
СЕВКА, РОМКА И ВИТТОР

Поэзия

Демьян Кудрявцев
ЗОНА ПОРАЖЕНИЯ

Дмитрий Быков
НОВЫЙ БРАУНИНГ

Вера Павлова
ЛИНИЯ СОПРИКОСНОВЕНИЯ

Алина Витухновская
ТИХИЙ ДРОН

Евгений Клюев
Я ИЗ РОССИИ. ПРОСТИ

Александр Анашевич
НА АХИНЕЙСКОМ ЯЗЫКЕ
Интро Елены Фанайловой
Послесловие Дмитрия Бавильского

Виталий Пуханов
РОДИНА ПРИКАЖЕТ ЕСТЬ ГОВНО

Вадим Жук
ОЧЕНЬ ЧЁРНАЯ СОБАКА
Дифирамб Владимира Гандельсмана

Драматургия

Светлана Петрийчук
ТУАРЕГИ. СЕМЬ ТЕКСТОВ ДЛЯ ТЕАТРА

Сергей Давыдов
ПЯТЬ ПЬЕС О СВОБОДЕ

Сборник
ПЯТЬ ПЬЕС О ВОЙНЕ
Составитель Сергей Давыдов

«Слова України»

Генрі Лайон Олді
ВТОРГНЕННЯ

Генри Лайон Олди
ВТОРЖЕНИЕ

Генрі Лайон Олді
ДВЕРІ В ЗИМУ

Генри Лайон Олди
ДВЕРЬ В ЗИМУ

Генри Лайон Олди
ЧЁРНАЯ ПОЗЁМКА

Андрій Бульбенко
Марта Кайдановська
СИДИ Й ДИВИСЬ

Максим Бородін
В КІНЦІ ВСІ СВІТЯТЬСЯ

Сборник современной украинской поэзии
ВОЗДУШНАЯ ТРЕВОГА

Александр Кабанов
СЫН СНЕГОВИКА

Юрий Смирнов
РЕКВИЗИТОР

Алексей Никитин
ОТ ЛИЦА ОГНЯ

Ксандра Крашевска
КОЛЫБЕЛЬНАЯ ПО МАРИУПОЛЮ
Предисловие Линор Горалик

Ирина Евса
ДЕТИ РАХИЛИ

Олег Ладиженський
БАЛАДА СОЛДАТІВ. Вірші воєнних часів

Олег Ладыженский
БАЛЛАДА СОЛДАТ. Стихи военных дней

Анатолий Стреляный
ЧУЖАЯ СПЕРМА

Валерий Примост
ШТАБНАЯ СУКА

Артём Ляхович
ЛОГОВО ЗМИЕВО

Литература нон-фикшн

«Новая газета-Европа»
ГЛУШЬ

Людмила Штерн
БРОДСКИЙ: ОСЯ, ИОСИФ, JOSEPH

Людмила Штерн
ДОВЛАТОВ — ДОБРЫЙ МОЙ ПРИЯТЕЛЬ

Илья Бер, Даниил Федкевич, Н.Ч., Евгений Бунтман,
Павел Солахян, С.Т.
ПРАВДА ЛИ. Послесловие Христо Грозева

Серия «Не убоюсь зла»

Натан Щаранский
НЕ УБОЮСЬ ЗЛА

Илья Яшин
СОПРОТИВЛЕНИЕ ПОЛЕЗНО

Выступления российских политзаключённых и обвиняемых
НЕПОСЛЕДНИЕ СЛОВА

www.ingramcontent.com/pod-product-compliance
Lightning Source LLC
Chambersburg PA
CBHW071204120626
46546CB00006B/2410